Katrin Bach

FENSTER BILDER
buntes Licht im ganzen Haus

Compact Verlag

VORWORT

Kreatives Arbeiten ist nicht schwer, macht riesigen Spaß und bringt Bewunderung bei Freunden und Verwandten.

Damit von Anfang an alles klappt, steht in diesem Band alles, was man wissen muß:

- welche Materialien und Werkzeuge benötigt werden;
- wie man Schritt für Schritt richtig vorgeht;
- worauf geachtet werden muß, um schnell und sicher einen tollen Erfolg zu erzielen.

Jeder wichtige Handgriff wird ganz genau gezeigt und ausführlich erklärt.

Rund 100 vierfarbige Abbildungen lassen keine Fragen offen und helfen, mit Phantasie und Kreativität eigene Ideen zu verwirklichen.

© 1992 Compact Verlag München
Nachdruck, auch auszugsweise, nur mit ausdrücklicher Genehmigung des Verlages gestattet. Alle Anleitungen wurden sorgfältig erprobt — eine Haftung kann dennoch nicht übernommen werden.
Umschlaggestaltung: Inga Koch
Printed in Germany
ISBN 3-8174-2324-1
2323241

Inhalt

Fensterbilder-Spiele mit Papier und Licht	4
Material und Werkzeug	5
Übungen zum Einstieg	6
Eine südliche Landschaft	8
Stadtsilhouette im Abendlicht	11
Bunter Paradiesvogel	14
Mohnblumen – ein Fensterbild im Jugendstil	17
Ein lustiger Clown fürs Kinderzimmer	20
Ein leuchtend bunter Früchtekorb	23
Kleines Fenster – mit Lotosblüten geschmückt	26
Ein Fensteraquarium – zwei bunte Fische	29

EINFÜHRUNG

Fensterbilder-Spiele mit Papier und Licht

Mit geringem Aufwand können Sie einen Fensterschmuck schaffen, der die Brillanz leuchtender Buntglasscheiben hat und wenig kostet. Alles, was Sie dazu benötigen, ist: schwarzer oder andersfarbiger Fotokarton, eine Schneidefeder mit Halter oder ein Skalpell, farbiges Transparentpapier, einen weißen Kreidestift, einen schwarzen Filzstift, Klebstoff und eine kleine Schere. Das Material ist in jedem Schreibwarengeschäft erhältlich. Schwarzer Karton bildet zu buntem Transparentpapier den stärksten Kontrast, hellerer Karton wirkt weicher.

Die Technik ist ebenso einfach: Mit einem Schneidemesser trennen Sie die Formen aus dem Karton heraus, die später mit farbigem Papier hinterklebt werden.
Zur Anregung und als Hilfestellung werden in diesem Buch verschiedene Entwürfe angeboten, die Sie leicht nacharbeiten können. Einfachere Arbeiten können schon von Kindern ab acht Jahren bewältigt werden.

MATERIAL WERKZEUG

Material und Werkzeug

Transparentpapier zum Basteln erhalten Sie in fertigen Mappen in Schreibwaren- und Bastelgeschäften. In den Mappen sind durchschnittlich 10 bis 12 Farben enthalten, und zwar in den wichtigsten Grund- und Pastelltönen. **Fotokarton** erhalten Sie ebenfalls in Schreibwaren- oder Bastelgeschäften. Er ist recht stabil, so daß Sie mit Druck schneiden müssen, um saubere Schnittkanten zu erhalten. Für feinere Arbeiten ist der etwas teurere „Centenaire"-Karton (ca. 1,80 DM) zu empfehlen, der leichter zu schneiden ist.

Mit dem **Skalpell** (Bastelgeschäft, 2,50 DM) schneiden Sie leicht und sauber. Anfänger und Kinder sollten aber auf keinen Fall das Skalpell benutzen, da hier die Verletzungsgefahr zu groß ist. In diesem Fall empfiehlt sich die Schneidefeder mit Federhalter (Schreibwarengeschäft, ca. 1,80 DM). Eine kleine **Schere** benötigen Sie zum Ausschneiden der fertigen Scherenschnitte und zum Zuschneiden des Transparentpapiers. Weiterhin benötigen Sie **Klebstoff**.

Ein weißer **Kreidestift** (ca. 1,20 DM) ist für die Vorzeichnung auf dem Karton notwendig. Einen schwarzen **Filzschreiber** brauchen Sie zur Markierung der Transparentpapiere.

Wenn Sie mit einem **Lineal** arbeiten, sollte dieses eine Stahlkante haben.

GRUNDKENNTNISSE

1

Übungen zum Einstieg

Als Unterlage zum Schneiden nehmen Sie am besten eine Spanplatte oder einen festen Karton. Ihr Arbeitsplatz sollte gut beleuchtet sein.

Gerade Linien freihändig schneiden
1. Legen Sie ein Stück Fotokarton auf die Arbeitsunterlage. Halten Sie den Karton mit einer Hand fest, nehmen Sie die Schneidefeder oder das Messer in die andere Hand und ziehen Sie Schnittlinien von Ihrer Hand weg auf den Körper zu. Wiederholen Sie dies einige Male, bis Sie ein sicheres Gefühl für die Schnittführung entwickelt haben. Versuchen Sie auch Dreiecke und Quadrate.

Linien mit dem Lineal schneiden
2. Am besten benutzen Sie einen Metallwinkel. Drücken Sie mit einer Hand den Metallwinkel oder das Lineal auf der Pappe fest, und führen Sie mit der anderen Hand das Messer an der Linealkante entlang. Die Schneide sollte immer gezogen und nicht geschoben werden. Beim Wegschieben der Schneidefeder aus Körperrichtung besteht die Gefahr, daß der Karton ausfranst.

GRUNDKENNTNISSE

2

3

4

Wiederholen Sie diese Übungen mehrmals, bis Sie ohne Mühe saubere Schnitte ausführen können.

Kurven und Kreise freihändig schneiden
3. Hier wird es etwas schwieriger, weil Sie versuchen müssen, beim freien Schneidevorgang gleichmäßig Druck auf die Schneidefeder oder das Messer auszuüben. Beginnen Sie mit einfachen Krümmungen, versuchen Sie Schlangenlinien zu schneiden. Gelingt dies, sollten Sie freihändig einen Halbkreis versuchen. Sie werden sehen, daß ein geglücktes Ergebnis gar nicht so einfach zu erreichen ist. Da man den Halbkreis kaum auf einmal schneiden kann, ist es möglich, daß die Kreislinie nach einem

Innehalten leicht abknickt. Deshalb sollten Sie diese Übung mehrfach wiederholen.

Gekrümmte Linien mit Hilfe einer Schablone schneiden
4. Geeignete Schablonen zum Schneiden gekrümmter Linien finden sich in jedem Küchenschrank. Teller und Topfdeckel sind empfehlenswert, aber auch Dosendeckel sind geeignet. Pressen Sie mit der freien Hand den Deckel auf die Pappe. Versuchen Sie mit der anderen Hand das Messer möglichst eng an der Schablone entlangzuziehen. Sollten Sie einmal in der Schnittführung absetzen müssen, achten Sie auf eine ansatzlose Weiterführung, da jede Korrektur im nachhinein schwierig ist.

Versuchen Sie erst Viertel- und dann Halbkreise zu schneiden. Macht Ihnen das keine Schwierigkeiten mehr, wagen Sie sich an einen vollen Kreis.

In den vier Übungen haben Sie Stege, Quadrate, Rechtecke, Dreiecke und verschiedene unregelmäßig gebogene Formen ausgeschnitten. Prüfen Sie diese Formen auf glatte Kanten. Ordnen Sie diese auf einem farbigen Transparentpapier zueinander. Kleben Sie die Formen auf. Halten Sie den Bogen gegen das Licht – Sie haben ein abstraktes Fensterbild geschaffen!

LANDSCHAFT

Eine südliche Landschaft

Die Einteilung Himmel-Erde-Wasser wird durch einfachste Formgebung erreicht und dürfte auch einem Anfänger keine Schwierigkeiten bereiten.

MATERIAL

¼ Bogen Fotokarton, 2 bis 3 Blatt Transparentpapier, Klebstoff, Kreidestift.

WERKZEUG

Schneidefeder und Halter oder Skalpell, Lineal, Schere.

LANDSCHAFT

1

2

3

Dieses Bild erfordert einen Rahmen, der fester Bestandteil des Bilds ist. Rahmen und Motiv werden in einem Stück geschnitten und stellen eine Einheit dar.

1. Fertigen Sie Ihre Vorzeichnung mit Kreidestift an.

Schneiden Sie mit Feder oder Grafikermesser die markierten Formen aus.

2. Benutzen Sie für das Ausschneiden des Rahmens unbedingt ein Lineal. Achten Sie beim Schneiden darauf, daß Rahmen und Motiv eine Einheit bleiben und nicht getrennt werden.

Sollten Sie versehentlich beim Schneiden einen Steg durchtrennen, kleben Sie ihn sorgfältig wieder an. Im Gegenlicht wird später niemand den Fehler bemerken.

Wählen Sie jetzt die Farben aus dem Transparentpapier aus. In diesem Beispiel wurde für den Himmel ein helles Gelb gewählt. Die Farbe des Wassers besteht aus einer blauen und einer gelben Schicht Papier, die beide übereinandergeklebt werden.

3. Markieren Sie wie gewohnt das farbige Papier, indem Sie es auf den Scherenschnitt legen und parallel zu den Öffnungen in geringem Abstand mit Filzstift nachziehen.

LANDSCHAFT

4

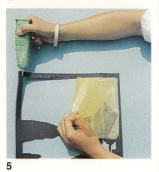

5

6

4. Schneiden Sie danach das durchscheinende Papier mit der Schere zu.

5. Anschließend verkleben Sie damit die dafür vorgesehenen Öffnungen auf der Rückseite des Scherenschnitts.

6. Durch die Farbwahl läßt das fertige Fensterbild an Sommer und Ferien denken. Die Farben dieses Scherenschnittbilds sind hell und freundlich. Damit verbindet man in Gedanken sonnig-sommerliches Licht. Sie können aber auch ,,Abendrot" oder ,,Dämmerstimmung" durch die Wahl anderer Farben erreichen. Wenn Sie die Rückseite des fertiggestellten Silhouettenbilds zusätzlich zu den Gelb- und Grüntönen noch flächendeckend mit Rosa bekleben, erhalten Sie ein ganz anderes Bild. Sie haben den Eindruck, daß sich die Landschaft im Morgen- oder Abendrot zeigt. Unterlegen Sie Ihr Bild mit blauem oder grünem Transparentpapier, erhalten Sie wieder eine andere Atmosphäre.

STADTSILHOUETTE

Stadtsilhouette im Abendlicht

Beobachten Sie einmal Gebäude im Gegenlicht. Gegen einen grauen, blauen, gelben oder roten Himmel zeichnen sich die Gebäude messerscharf ab.

MATERIAL

Kreidestift, Filzstift, Klebstoff, ½ Bogen Fotokarton (schwarz), Transparentpapier.

WERKZEUG

Schneidefeder und Halter oder Skalpell, Lineal, Schere.

STADTSILHOUETTE

1

2

3

In diesem Beispiel ist die Stadtsilhouette auf das untere Drittel des Bilds begrenzt. Die übrige Fläche stellt Himmel dar. Um die große Himmelsfläche zu unterbrechen, werden hier als Stilmittel geschwungene und gerade Linien zur Unterteilung benutzt. Dadurch entstehen im Scherenschnitt zusätzliche Felder, die Sie mit weiteren Farben unterlegen können. Haben Sie eine nicht farbig unterteilte Himmelsfläche, besteht die Gefahr, daß alles eintönig wirkt.

1. Zeichnen Sie mit Kreidestift Ihre Skizze auf den schwarzen Fotokarton. Da Rahmen und Bild auch hier eine Einheit bilden, sollten Sie für die geraden Linien unbedingt ein Lineal benutzen.

2. Beginnen Sie beim Schneiden mit den Giebeln der Häuser und den Türmen. Achten Sie darauf, daß hier der spitze Turm mit der diagonal geschwungenen Linie, die den Himmel unterteilt, verbunden ist. Schneiden Sie die Seiteninnenkanten und alle gerade verlaufenden Linien mit einem Lineal.

Der Profitip: Geringfügig ausgefranste Schnittkanten lassen sich mit einem weichen Radiergummi unter leichtem Druck weitgehend glätten.

3. Heben Sie die jeweils fertiggeschnittenen Teilabschnitte heraus und versuchen Sie, die feinen Kartonstege, die dabei entstehen, nicht zu beschädigen.

STADTSILHOUETTE

4

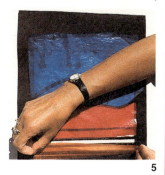

5

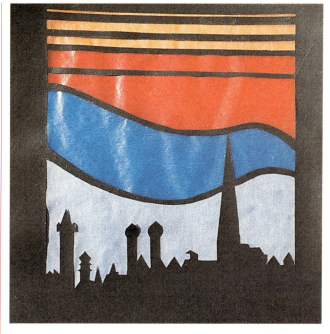

Wählen Sie nun die Himmelsfarben aus. Der über der Stadtansicht liegende Abschnitt besteht aus Weiß, mit Blau unterlegt. Darüber erscheint ein einfaches Blau, gefolgt von Rot- und Orangetönen.

4. Markieren Sie Ihre Transparentpapiere sehr exakt, da die Stege sehr dünn sind. Jede Ungenauigkeit zeigt sich deutlich im Gegenlicht. Schneiden Sie die Papiere genau zu.

5. Kleben Sie die Farbpapiere auf. Halten Sie Ihren Scherenschnitt nach jedem Arbeitsschritt gegen das Licht, damit Sie den genauen Sitz der Transparentpapiere überprüfen können. Natürlich können Sie die Farben des Himmels auch anders auswählen.

PARADIESVOGEL

Bunter Paradiesvogel

Dieser Paradiesvogel ist nicht so schwierig zu arbeiten, wie es aussieht.

MATERIAL

Kreidestift, Filzstift, Klebstoff, buntes Transparentpapier, 1 Fotokarton (schwarz).

WERKZEUG

Schneidefeder und Halter oder Skalpell, Schere.

PARADIESVOGEL

1

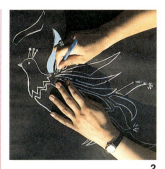
2

3

Allerdings sollten Sie schon etwas Übung darin haben, schwungvolle Linien zu ziehen.

1. Beginnen Sie mit der Vorzeichnung, indem Sie mit Kreidestift auf den schwarzen Karton alle auszuschneidenden Flächen klar skizzieren.

2. Schneiden Sie diese Flächen jetzt mit Ihrem Schneidegerät aus.

Beginnen Sie wieder mit den kleineren Flächen, arbeiten Sie die größten (z. B. Vogelkörper) erst am Schluß nach.

Schneiden Sie jetzt den ganzen Paradiesvogel aus dem Fotokarton heraus; achten Sie darauf, daß die Stege nicht zu dünn und damit instabil werden.

3.–4. Wählen Sie anschließend die Farben für den Rumpf, die Flügel und die Schwanzfedern aus.

In diesem Beispiel wurden überwiegend die Farben des Wassers Blau und Grün mit Lila- und Rosatönen kombiniert. Die wenigen gelben und orangefarbenen Flächen dienen als farblicher Gegensatz.

Auch wenn in der Mappe „Transparentpapiere" nur eine begrenzte Anzahl Farbtöne (meist 10 bis 12) zur Verfügung steht, können Sie doch durch doppeltes Unterlegen mit zwei Farben mehr erreichen. Das Grün der Flügelfedern wurde hier entweder doppelt geklebt oder mit Blau unterklebt.

Markieren Sie mit Filzschreiber die Schnittkanten des Transparentpapiers und schneiden Sie es paßgenau aus.

PARADIESVOGEL

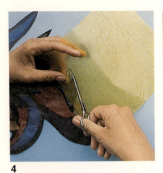

4

5

6

5. Kleben Sie das Papier nun vorsichtig über die dafür vorgesehene Öffnung.

Wenn Sie alle Farbpapiere aufgeklebt haben, stanzen Sie mit einem Bürolocher das Auge aus einem schwarzen Kartonrest aus und kleben es vorsichtig auf das Vogelgesicht.

6. Aus schwarzen Pappresten schneiden Sie zum Schluß kleine spitzwinklige Dreiecke zu. Diese Kartonstückchen, die Federn in vereinfachter Form darstellen, werden einander zugeordnet und auf den Rumpf des Vogelkörpers aufgeklebt.

Die Farben des hier vorgestellten Paradiesvogels dienen nur als Beispiel. Sehr reizvoll kann es sein, einen „Feuervogel" darzustellen. Dabei sollte das Federkleid nur in Rot-, Orange- und Gelbtönen leuchten.

MOHNBLUMEN

Mohnblumen – ein Fensterbild im Jugendstil

Voraussetzung dafür ist, daß Sie die freie, schwungvolle Schnittführung ein wenig geübt haben, denn die Schnittlinien müssen möglichst ohne Absetzen gezogen werden. Dies ist wichtig, denn ein besonderes Kennzeichen des Jugendstils sind schwingende Linien.

MATERIAL

Kreide-, Filzstift, Klebstoff, 1 Bogen Fotokarton (schwarz), Transparentpapiere.

WERKZEUG

Schneidefeder und Halter oder Skalpell, Schere.

MOHNBLUMEN

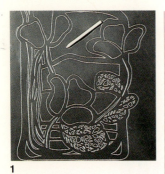

1

2

3

1. Fertigen Sie eine genaue Vorzeichnung mit Kreide auf dem schwarzen Fotokarton an. Schneiden Sie zuerst das ganze Motiv mit der Schere entlang der Umrißlinien aus dem Karton aus.

Beginnen Sie damit, die kleinsten Teilchen auszuschneiden, am besten das Netzwerk der geäderten Blätter. Arbeiten Sie sich von der kleinen zu den größeren Formen vor.

2. Erst ganz zum Schluß schneiden Sie die großen Innenflächen heraus. Sollten Sie diese Reihenfolge nicht einhalten, müssen Sie unbedingt darauf achten, daß Sie nicht an den schmalen Kartonstegen hängen bleiben und diese versehentlich beschädigen.

3. Wählen Sie nun die Farben des Transparentpapiers für Ihr Fensterbild aus. In diesem Beispiel leuchten die Blüten in verschiedenen Rottönen. Wenn Sie die Blüten Ihres Fensterbilds nur mit dem vorhandenen Rot unterlegen, fehlt es an farblicher Abwechslung. Aber trotz geringer Farbauswahl können Sie die Farbe Rot verändern. Im gezeigten Beispiel werden die roten Blütenblätter doppelt mit Papier unterlegt.

Versuchen Sie es: Rot auf Rot ergibt einen sehr intensiven Rotton; bei Rot mit Orange erhalten Sie ein helleres Rot; Rot mit Rosa wirkt sehr warm; Rot mit Gelb feurig und Orange auf Orange helleuchtend.

MOHNBLUMEN

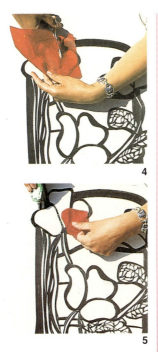

Ähnliches gilt auch für das Unterlegen mit Grüntönen bei Blättern und Gräsern. Wenn Sie Ihre Farbauswahl getroffen haben, markieren Sie mit dem Filzschreiber Ihr Farbpapier.

4. Schneiden Sie die Papiere zu.

5. Kleben Sie die Transparentpapierstücke vorsichtig ein und prüfen Sie deren exakten Sitz. Kleben Sie gegebenenfalls eine zweite Schicht Transparentpapier über die erste. Achten Sie darauf, daß sich zwischen beiden Papierschichten keine Kleberückstände zeigen.

6. Das fertige Bild leuchtet in einem starken Rot-Grün-Kontrast.

CLOWN

Ein lustiger Clown fürs Kinderzimmer

Für diesen fröhlichen Gesellen können Sie besonders viele verschiedene Farben benutzen.
Je größer Sie den Clown gestalten, desto kräftiger leuchten seine Farben.

MATERIAL

½ Bogen Fotokarton (schwarz), buntes Transparentpapier, Klebstoff, Kreidestift, Filzschreiber (schwarz).

WERKZEUG

Skalpell oder Schneidefeder mit Halter, Schere.

CLOWN

#

1

2

3

1. Fertigen Sie in gewohnter Weise die Kreidezeichnung auf dem schwarzen Karton an.

2. Beginnen Sie beim Ausschneiden mit dem Muster der Jacke! Hier können Sie abwandeln.

Das Muster kann noch vielfältiger sein oder auch nur aus Herzen, aus Sternen oder aus Punkten bestehen.

Schneiden Sie erst dann die größeren Flächen aus. Anschließend wird die Clownsfigur als Ganzes aus dem Karton herausgeschnitten.

3. Prüfen Sie den fertigen Scherenschnitt auf rauhe Schnittkanten, indem Sie ihn gegen eine Lichtquelle halten. Finden Sie solche Stellen, bessern Sie diese mit der Feder oder dem Skalpell nach.

Hierbei sollten Sie sorgfältig vorgehen, denn jede Fehlerstelle ist im Gegenlicht deutlich sichtbar.

Suchen Sie anschließend die passenden Farben für den Clown aus. Wenn das Gesicht des Clowns in Weiß gestaltet wird, benutzen Sie ein Stück weißes Butterbrotpapier. Sollte sich dieses nicht in Ihrem Haushalt finden, reicht ein Stück weißes Seidenpapier aus.

Die Jacke des Clowns sollten Sie so bunt wie möglich gestalten und alle verfügbaren Farben und Reste benutzen.

CLOWN

4

5

6

4. Markieren Sie jetzt wieder die Transparentpapiere mit Filzschreiber so, daß sie auf die Öffnungen passen.

5. Schneiden Sie die Papiere paßgenau zu, und kleben Sie diese auf die Rückseite der Figur.

6. Am Schluß sollten Sie das Clowngesicht gestalten. Schneiden Sie zwei kleine Kreuze aus Fotokarton zu, und kleben Sie diese als Augen in die Gesichtsfläche. Als Nase benutzen Sie einen schwarzen Kreis aus Karton, den Sie ringförmig ausschneiden und mit rosa Transparentpapier unterkleben. Den Mund schneiden Sie ebenfalls aus schwarzem Karton aus und unterkleben die Mundöffnung mit rotem Papier.

Der Profitip: Heben Sie auch kleinste Reste Transparentpapier auf und sammeln Sie diese in einem Karton. Sie können die Reste zur Abdeckung kleiner Flächen gut verwerten.

Bringen Sie nun Nase und Mund in die richtige Position und kleben sie auf.

22

FRÜCHTEKORB

Ein leuchtend bunter Früchtekorb

Der Früchtekorb erfordert etwas Geduld, weil viele Schnitte nötig sind.

MATERIAL

Kreide-, Filzstift, Klebstoff, Fotokarton, Transparentpapiere.

WERKZEUG

Skalpell oder Schneidefeder und Halter, Schere.

FRÜCHTEKORB

1

2

3

1. Beginnen Sie wie gewohnt mit der exakten Vorzeichnung mit Kreide auf schwarzem Karton.

2. Fangen Sie diesmal nicht mit den kleinsten Schnittflächen an (das wäre die Struktur des Korbs), sondern bei den Trauben und Blättern.

Erst wenn sie alle Formen des Obstes geschnitten haben, können Sie damit beginnen, die Struktur des Korbs herauszuarbeiten. Das sieht zwar kompliziert aus, ist es aber keineswegs. Wenn Sie genau hinsehen, werden Sie feststellen, daß die mit Braun unterlegte Korb-struktur nur aus kleinen spitzwinkligen Dreiecken oder aus schiffchenförmigen Längsformen besteht, die einander zugeordnet sind.

3. Die Farbauswahl erfordert besondere Aufmerksamkeit, denn die farblichen Möglichkeiten mit den vorhandenen Transparentpapieren sind beschränkt. Durch doppeltes Legen der Papiere können Sie jedoch schöne Mischtoneffekte erreichen. Damit wird die Farbpalette um ein Vielfaches erweitert. Hier sollten Sie vor allem im Bereich der Gelb- und Grüntöne variieren, damit das Fensterbild leuchtend wird. Verschiedene Gelbtöne lassen sich wie folgt herstellen:

Legen Sie ein Stück Gelb auf ein Hellgrün. Sie erhalten dann ein noch helleres Gelbgrün. Gelb auf Gelb ergibt einen sehr satten Gelbton. Gelb auf Weiß (Butterbrotpapier) gibt ein mildes, helleres Gelb. Lediglich für die Farbe

FRÜCHTEKORB

der Trauben wird das violette Transparentpapier nicht verändert.

Eine besondere Variante stellt die Farbe des Pfirsichs dar: Hier bringen Sie ein Gelb mit einem kräftigen Rosa in Verbindung.

Markieren Sie Ihre Transparentpapiere mit Filzschreiber entsprechend der zu bedeckenden Öffnungen.

4. Schneiden Sie jetzt die Papiere zu.

5. Nun kleben Sie die farbigen Papierteile auf.

6. So sieht Ihr Früchtekorb jetzt aus: Er ist immer noch ein Teil des schwarzen Kartons. Natürlich können Sie ihn auch so belassen. Folgen Sie dem Beispiel, schneiden Sie das Motiv entlang der von Ihnen eingezeichneten Umrisse mit der Schere aus dem Karton heraus.

LOTOSBLÜTEN

Kleines Fenster, mit Lotosblüten geschmückt

Oft könnten Räume mit kleinem Fenster (z. B. Toiletten in Altbauten) eine Dekoration vertragen. Das ist schnell gemacht.

MATERIAL

Kreidestift, Filzschreiber, Klebstoff, Fotokarton, Transparentpapier.

WERKZEUG

Schneidefeder mit Halter oder Skalpell, Schere, Lineal.

LOTOSBLÜTEN

1

2

3

Bedingung ist, daß Sie sich den Standort des Fensters ansehen und feststellen, wie die Art der Beleuchtung ist. Ist der Lichteinfall eher schwach (z. B. bei Nordfenstern), sollten Sie Gelbtöne bzw. warme Farben wählen.

Haben Sie jedoch direktes Sonnenlicht am Fenster, können Sie kalte Farben wie Blau, Grün oder Violett wählen.
In diesem Beispiel wird das Fenster einer Haustür mit einem Fensterbild verkleidet. Damit hat man sowohl ein schmückendes Element als auch einen Sichtschutz.

Das rechteckige Fensterbild aus diesem Buch mißt wie das Fenster 32,5 x 44 cm.

Bevor Sie also beginnen, nehmen Sie genau Maß!

Das Bildmotiv ist an die altägyptische Darstellung der Lotosblüten angelehnt. Der Lotos hat die Eigenschaft, abends seine blauen und weißen Blüten zusammenzufalten und sich unter das Wasser zurückzuziehen. Am Morgen taucht die Pflanze auf und erblüht neu. Durch die Symbolik des allmorgendlich neu erblühenden Lotos ist dieses Motiv besonders für ein Ostfenster geeignet, da im Osten die Sonne aufgeht.

LOTOSBLÜTEN

4

5

6

1. Nach dem Ausmessen der Fensteröffnung fertigen Sie eine exakte Vorzeichnung mit Kreide auf dem schwarzen Fotokarton an.

2. Schneiden Sie die gerade verlaufenden Kanten mit dem Lineal, alles andere freihändig aus.

Wählen Sie die Farben des Transparentpapiers für das Motiv aus.

In diesem Beispiel werden die „historisch authentischen" Farben gewählt, die durch Ausgrabungsfunde belegt wurden. Die Blüte des Lotos ist blau und weiß, die Blätter sind grün, ebenso wie die im unteren Teil des Bilds auftauchenden Formen der Tautropfen.

3. Markieren Sie die Papiere paßgenau für die Öffnungen des Fensterbilds.

4. Schneiden Sie nun diese zu.

5. Kleben Sie diese paßgenau auf.

6. Bringen Sie das fertige Fensterbild mit Fotokleber auf der Scheibe an.

Reiben Sie die Scheibe vorher mit Spiritus ab, damit sie fett- und staubfrei ist. Das Bild haftet so besser. Überschüssigen Klebstoff können Sie mit den Fingern abrubbeln, sobald er getrocknet ist.

AQUARIUM

Ein „Fensteraquarium" – zwei bunte Fische

Wer sich schon einmal ein Aquarium genauer angesehen hat, weiß, welche Vielfalt von Farben und Formen es bei den Fischen gibt. Die Natur hat die erstaunlichsten Varianten erschaffen.

MATERIAL

½ Bogen Fotokarton (schwarz), buntes Transparentpapier, Klebstoff, 1 Bogen Butterbrotpapier, Kreidestift, Filzschreiber (schwarz).

WERKZEUG

Schneidefeder und Halter oder Skalpell, Schere.

AQUARIUM

Warum also nicht einmal ein ,,Fensteraquarium" schneiden? Dabei können Sie Ihrer Phantasie freien Lauf lassen und Farben und Formen beliebig gestalten.

Fische haben einfache Formen, die auch von Kindern leicht zu bewältigen sind. Je nach Laune und Geschicklichkeit können Sie dabei zwischen einfachen oder schwierigen Formen wählen. Der kleine Fisch ist leichter zu gestalten als der größere, weil hier nur wenige Flächen ausgeschnitten werden müssen.

1. Fertigen Sie die Zeichnung des Fisches mit Kreidestift auf schwarzem Karton an.

2. Beginnen Sie bei dem kleinen Fisch mit den kleinsten auszuschneidenden Flächen (Flossen).

3. Sind alle Teile ausgeschnitten, schneiden Sie den Fisch entlang des eingezeichneten Umrisses aus, achten Sie aber auf saubere Kanten.

AQUARIUM

4

5

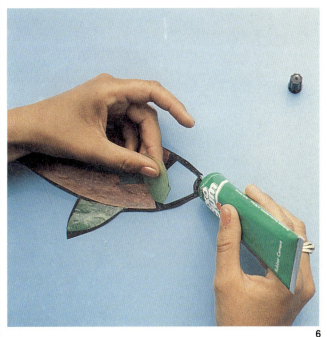

6

4. Stellen Sie jetzt die Farben Ihrer Wahl zusammen. Legen Sie das Transparentpapier auf die entsprechende ausgeschnittene Stelle, und fahren Sie diese mit Filzschreiber parallel zu den Schnittkanten, jedoch mit ein paar Millimeter Zugabe, nach.

5. Schneiden Sie mit einer Schere das Transparentpapier exakt entlang der Markierung zu.

6. Kleben Sie mit dem bunten Papier die Öffnungen zu. Achten Sie auf einen paßgenauen Sitz des Transparentpapiers. Schneiden Sie das Papier zu knapp aus, haben Sie einen Lichteinfall.

Der Profitip: Kontrollieren Sie den richtigen Sitz des Papiers, indem Sie die Form gegen das Licht halten.

Sind alle Öffnungen unterklebt, bringen Sie noch das Fischauge an. Benutzen Sie zum Ausstanzen des Auges einen Bürolocher und kleben das Auge auf.
In der gleichen Weise fertigen Sie den großen Fisch an.

WEIHNACHTSMOTIV